Aboua Léonce DOSSOU

Stratégies de valorisation du patrimoine documentaire

Aboua Léonce DOSSOU

Stratégies de valorisation du patrimoine documentaire

Revue électronique comme instrument de
valorisation du patrimoine documentaire:
cas du centre de documentation de
PROTOS-Bénin

Éditions universitaires européennes

Mentions légales/ Imprint (applicable pour l'Allemagne seulement/ only for Germany)
Information bibliographique publiée par la Deutsche Nationalbibliothek: La Deutsche Nationalbibliothek inscrit cette publication à la Deutsche Nationalbibliografie; des données bibliographiques détaillées sont disponibles sur internet à l'adresse http://dnb.d-nb.de.
Toutes marques et noms de produits mentionnés dans ce livre demeurent sous la protection des marques, des marques déposées et des brevets, et sont des marques ou des marques déposées de leurs détenteurs respectifs. L'utilisation des marques, noms de produits, noms communs, noms commerciaux, descriptions de produits, etc, même sans qu'ils soient mentionnés de façon particulière dans ce livre ne signifie en aucune façon que ces noms peuvent être utilisés sans restriction à l'égard de la législation pour la protection des marques et des marques déposées et pourraient donc être utilisés par quiconque.

Photo de la couverture: www.ingimage.com

Editeur: Éditions universitaires européennes est une marque déposée de Südwestdeutscher Verlag für Hochschulschriften GmbH & Co. KG
Dudweiler Landstr. 99, 66123 Sarrebruck, Allemagne
Téléphone +49 681 37 20 271-1, Fax +49 681 37 20 271-0
Email: info@editions-ue.com

Produit en Allemagne:
Schaltungsdienst Lange o.H.G., Berlin
Books on Demand GmbH, Norderstedt
Reha GmbH, Saarbrücken
Amazon Distribution GmbH, Leipzig
ISBN: 978-613-1-57211-1

Imprint (only for USA, GB)
Bibliographic information published by the Deutsche Nationalbibliothek: The Deutsche Nationalbibliothek lists this publication in the Deutsche Nationalbibliografie; detailed bibliographic data are available in the Internet at http://dnb.d-nb.de.
Any brand names and product names mentioned in this book are subject to trademark, brand or patent protection and are trademarks or registered trademarks of their respective holders. The use of brand names, product names, common names, trade names, product descriptions etc. even without a particular marking in this works is in no way to be construed to mean that such names may be regarded as unrestricted in respect of trademark and brand protection legislation and could thus be used by anyone.

Cover image: www.ingimage.com

Publisher: Éditions universitaires européennes is an imprint of the publishing house Südwestdeutscher Verlag für Hochschulschriften GmbH & Co. KG
Dudweiler Landstr. 99, 66123 Saarbrücken, Germany
Phone +49 681 37 20 271-1, Fax +49 681 37 20 271-0
Email: info@editions-ue.com

Printed in the U.S.A.
Printed in the U.K. by (see last page)
ISBN: 978-613-1-57211-1

Revue électronique comme instrument de valorisation du patrimoine
documentaire: cas du centre de documentation de PROTOS-Bénin

LEONCE A DOSSOU

SOMMAIRE

LISTE DES TABLEAUX ET ENCADRES

A- FIGURES

B- TABLEAUX

C- ENCADRES

LISTE DES SIGLES ET ABREVIATIONS

AEPHA: Approvisionnement en Eau Potable Hygiène et Assainissement

AFNOR: Association Française de Normalisation

CID: Centre d'Information et de Documentation

CREPA: Centre Régionale d'Eau Potable et d'Assainissement à faible coût

EBAD: Ecole de Bibliothécaires, Archivistes et Documentalistes

EPAC: Ecole Polytechnique d'Abomey-Calavi

FSA: Faculté des Sciences Agronomiques

ISBN: International Standard Book Number

ISO: International Standard Organisation

ISSN: International Standard Serial Number

JPEG : Joint Expert Group

ONG : Organisation Non Gouvernementale

PDF: Portable Document Format

PNE: Partenariat National pour l'eau

TIC : Technologie de l'Information et de la Communication

AVANT-PROPOS

Le présent document qui est le fruit de notre réflexion porte sur un projet de création d'une revue électronique dans le cadre de la valorisation du patrimoine documentaire du centre d'information et de documentation de l'ONG[1] PROTOS-Bénin qui a été notre cadre de réflexion. Ce projet a pour objectif général de résoudre le problème crucial d'insuffisance de résultat dudit centre compte tenu de son faible taux de fréquentation. Ceci à travers l'édition d'une revue électronique qui permettra de rendre visible et accessible les ressources et services du centre grâce à l'anticipation sur les besoins des usagers et l'incitation à la consultation en ligne dans la limite du respect des droits d'auteur.

L'ossature de notre réflexion épouse les grandes phases du cycle de vie d'un projet et se décline comme suit :

- l'identification du projet qui nécessite le recours à des méthodes d'analyse de situation et de résolution de problème ;
- la définition du projet qui a recours à l'analyse de l'environnement du projet, de façon à élaborer une stratégie de gestion des parties prenantes, à une formulation permettant d'intégrer dans la conception, des préoccupations d'évaluation et des études spécifiques permettant de statuer sur la faisabilité du projet ;
- la planification opérationnelle qui a recours aux outils les plus connus de gestion de projet, l'élaboration de la structure de fractionnement du travail, l'identification des biens livrables, l'élaboration d'un calendrier et d'une logique d'intervention ainsi que la budgétisation ;
- l'exécution qui nécessite, en plus de la mise en place d'un système d'information et de suivi, la mise en œuvre de différentes habiletés de la part du gestionnaire de projet ;
- l'identification des indicateurs de performance et l'élaboration des outils de post évaluation du projet.

La réalisation effective de ce projet auquel sont arrimées des perspectives de développement fait appel à la collaboration de la hiérarchie pour la mise à disposition des moyens requis, nécessaires au suivi-exécution ainsi que l'évaluation de sa mise en œuvre.

---

[1] Approvisionnement en Eau Potable Hygiène et Assainissement

INTRODUCTION

Au commencement, était l'information et l'information s'est faite machine. Cette allégorie calquée sur la forme biblique permet de démontrer combien la genèse des machines, des appareils et autres technologies dont nous jouissons aujourd'hui, n'est rien d'autre que l'information découlant de la recherche scientifique. Forme communicable de la connaissance, l'information devient le symbole de la nouvelle société basée sur le savoir et la connaissance. Son impact sur le développement socio-économique des pays et des nations ne fait l'ombre d'aucun doute. La puissance des Etats Unies d'Amérique avant de sortir des hauts fourneaux, est d'abord l'œuvre de ses chercheurs. Chaque génération continuant l'œuvre de la génération qui la précède, qu'elle critique, à laquelle, elle ajoute ses contributions originales. C'est le sens que l'on peut donner à cette fameuse phrase de Sir Isaac NEWTON (1643-1727) physicien mathématicien, inventeur : « j'ai pu trouver ce que je cherchais parce que je suis monté sur les épaules de la génération qui m'avait précédé »[2]. Mais si Isaac NEWTON a pu trouver ce legs des générations de savants et de penseurs qui l'ont précédé, c'est parce que des bibliothèques, centres de documentation et dépôts d'archives l'ont d'abord préservé de l'oubli et de la destruction avant de les rendre disponibles et accessibles. Ainsi donc, s'il est démontré que l'information constitue une richesse, il reste néanmoins une richesse à l'étape brute et parfois inaccessible si les unités documentaires ne disposent pas de moyens humains et d'outils nécessaires pour les tamiser et les rendre disponibles.

En effet, le rôle fondamental des unités documentaires en tant qu'institutions médianes de l'information est la collecte, le traitement et la diffusion de l'information documentaire qui peut revêtir deux aspects : il s'agit de l'aspect culturel relatif à la constitution de la mémoire d'un peuple, gage de son identité culturelle et de l'aspect scientifique relatif à la maîtrise de l'information qui est une condition nécessaire pour tout progrès technique et scientifique indispensable pour le développement d'un pays. Grâce ainsi au rôle des unités documentaires dans la maîtrise de l'information scientifique et culturelle, un pays peut réussir à élaborer ses projets et programmes de développement axés sur ses réalités endogènes. Les décideurs à tous les niveaux et dans tous les domaines, pourraient avoir la garantie que les décisions et les projets reposent sur des données objectives, réelles et fiables. Sans informations documentaires pertinentes, un pays ne peut choisir la meilleure voie à suivre en fonction de ses propres intérêts. Les institutions de développement ne sauraient atteindre les résultats qu'ils se sont assignés dans leurs secteurs d'activité si elles ne disposent pas d'un système fiable d'information et de communication documentaire.

2Dione, Bernard. Une bibliographie nationale : pourquoi faire ? Communication au Colloque nationales en Afrique francophone au 21ème siècle. Dakar Sénégal

11

Au Bénin cependant, et plus précisément dans certains secteurs d'activités, elle est souvent longue et périlleuse la distance qui sépare le besoin en information et l'obtention de cette information. L'information a beau être disponible, son accessibilité peut constituer un autre problème sans oublier que ceux qui sont à sa recherche ne savent nécessairement pas où se la procurer. Le secteur d'Approvisionnement en Eau Potable Hygiène et Assainissement n'échappe pas à cette réalité. Il se caractérise par la difficulté d'accès à l'information des usagers et la contre performance des centres d'information et de documentation du secteur. Le centre d'information et de documentation de l'ONG PROTOS-Bénin illustre bien cet état de choses. Riche de plus deux mille titres (2000), le CID de PROTOS-Bénin n'accueille en moyenne qu'un visiteur par semaine pendant que de l'autre côté, étudiants, chercheurs et acteurs du secteur de l'AEPHA, souffrent d'un manque cruel d'information dans le cadre de leurs travaux/activités parce que ne sachant pas où pouvoir se la procurer. Un état de choses qui ne manque pas de susciter la réflexion axée sur les voies et moyens pour rendre disponible l'information et faire de ce CID, un centre dynamique plutôt qu'un conservatoire qui rend vain les efforts de collecte et de traitement de l'information disponible. Un problème se pose. Celui de la valorisation des ressources documentaires disponibles dans un centre d'information et de documentation.

Notre réflexion consiste à montrer comment les TIC[3] à travers une revue électronique peuvent contribuer à sauter les verrous conservateurs d'un CID et dynamiser son système de communication en le sortant de l'invisibilité dans laquelle elle végète afin d'augmenter le taux de consultation de ses ressources documentaires.

---

3 Technologies de l'Information et de la Communication

PREMIERE PARTIE : ETUDE POUR l'IDENTIFICATION ET LA DEFINITION DU PROJET

CHAPITRE 1 : IDENTIFICATION DU PROJET PROFESSIONNEL

I-   PROBLEMATIQUE ET METHODOLOGIE DE L'ETUDE

A- PROBLEMATIQUE DE L'ETUDE

1- CONTEXTE GENERAL

La raison d'être d'un centre d'information et de documentation se trouve dans la satisfaction des besoins de ses utilisateurs. D'abord, ce sont en général les visiteurs qui incitent à l'acquisition des documents. Par exemple, un ouvrage que le centre ne dispose pas mais qui a été successivement demandé par plusieurs usagers doit être intégré dans la liste des ouvrages à acquérir dans les prochaines commandes. Ainsi donc, les besoins non satisfaits des utilisateurs constituent une source de références pour le développement des collections. Ensuite, le traitement des ouvrages et la réalisation de produits documentaires y afférents se font selon les besoins des utilisateurs. Un spécialiste de l'information documentaire ne saurait réaliser des produits documentaires ex nihilo étant donné qu'un produit documentaire répond forcément à un profil de besoins documentaires bien déterminé. Enfin, la trilogie collecte-traitement-diffusion ne saurait tenir sans le pilier diffusion ; laquelle diffusion ne peut s'adresser qu'aux utilisateurs. Il s'en suit alors que l'usager est au cœur de l'activité d'un centre d'information et de documentation. Depuis l'acquisition jusqu'à la diffusion en passant par le traitement, le but du centre d'information se trouve être la résolution des préoccupations documentaires de ses usagers et ceci bien entendu dans le cadre de la mission de son organisme de tutelle. Par conséquent la valeur d'un centre d'information et de documentation peut se mesurer par son taux de fréquentation. Qu'en est-il de celui de PROTOS-Bénin ?

2- CONTEXTE DU CENTRE D'INFORMATION ET DE DOCUMENTATION DE PROTOS

La systématisation et la capitalisation des connaissances dans les organisations ainsi que la diffusion de cette connaissance à l'endroit aussi bien des populations à la base qu'à celui des gouvernants, constituent aujourd'hui un facteur de progrès auquel ne peut se soustraire les entreprises encore moins les institutions plus précisément les organisations non gouvernementales dans la réussite de leur mission et l'atteinte des objectifs qu'ils se sont assignés. « Cette fonction de gestion des connaissances se base sur la logique selon laquelle l'institution comme l'entreprise est conçue comme un tout organique, susceptible d'apprendre ; un apprentissage créateur de valeur ajoutée et mobilisateur d'actifs immatériels. Une logique qui met en œuvre la transmission de la mémoire de l'institution, l'explication, la formalisation, la transmission et l'utilisation optimales des savoirs individuels et ou collectifs des salariés »[4]. PROTOS-Bénin en tant qu'Organisation Non Gouvernementale, dans sa quête de performance, s'est appesantie dans son dispositif structurel sur cette fonction. Selon l'organigramme, cette fonction a été dévolue au Centre d'Information et de Documentation qui est ainsi chargé de la veille pour la collecte de l'information utile et nécessaire, de sa capitalisation, de son traitement et de sa diffusion aux fins de gestion, de plaidoyers / sensibilisations ou à d'autres fins d'ordre technique.

En effet, « PROTOS est une organisation non gouvernementale belge intervenant dans neuf pays répartis essentiellement en Afrique. Présente au Bénin depuis 1994 et intervenant à ce jour dans vingt six communes des douze départements du Bénin, elle a pour mission fondamentale, la lutte pour l'accès équitable à l'eau pour tous notamment dans les pays du sud où une grande partie de la population notamment sa frange la plus vulnérable n'a pas encore accès à une quantité suffisante des ressources en eau. L'accès à l'eau potable est un droit naturel et plus que source de la vie, l'eau est un levier de développement socio-économique à tous les égards »[5]. A travers ses représentations dont le Bénin, PROTOS travaille en partenariat avec les institutions étatiques, les bureaux d'étude, les ONG partenaires, les ONG d'intermédiation sociale les partenaires au développement et surtout les collectivités décentralisées qui sont désormais maître d'ouvrage à l'implémentation de ses projets et programmes de développement. Il faut souligner que ces projets/programmes sont pour l'essentiel axés sur la gestion intégrées des ressources en eau, la construction d'infrastructures d'approvisionnement en eau potable, d'assainissement et d'aménagement hydro-agricole. Pour atteindre ses objets et remplir au mieux sa mission, PROTOS a prévu un volet information et formation qui tourne autour de la sensibilisation des bénéficiaires, du plaidoyer en direction des gouvernants, du renforcement des capacités des acteurs et de l'information des chercheurs. Cette mission de documentation et d'information est entièrement dévolue au centre d'information et de documentation qui a ainsi comme crédo :

- l'appui à la gestion du personnel dirigeant de PROTOS à travers par exemple la recherche et la mise à disposition des informations nécessaires ;

---

4 Vigezzi, Michel. Cours de veille et intelligence économique en master 2 Europe à l'université Pierre Mendes de Grenoble 2009.
5 www.protosh2o.org

- l'appui documentaire au personnel technique de PROTOS qui, dans l'exécution de ses activités (formation, rédaction de manuel, gestion intégrée des ressources en eau), a besoin de l'information technique et scientifique relative par exemple à l'analyse de la qualité de l'eau, aux normes de construction, à la maîtrise d'ouvrage, aux procédures de passation des marchés et modes d'exécution des marchés communaux) ;
- l'appui documentaire à la sensibilisation par exemple des populations bénéficiaires sur la bonne prise en charge des ouvrages réalisés par PROTOS ;
- l'appui documentaire au plaidoyer en direction des gouvernants pour une bonne prise en compte des problèmes d'eau et assainissement des populations rurales ;
- l'appui documentaire aux usagers externes (étudiants, chercheurs et professionnels) en quête de l'information relative à l'eau, l'hygiène et l'assainissement.

B- INTERET, OBJECTIFS ET HYPOTHESE DE L'ETUDE

1- INTERET DE L'ETUDE

On retient de tout ce qui précède que le centre d'information et de documentation de PROTOS-Bénin comme beaucoup d'autres centres d'information spécialisés est un outil de recherche de l'information, de sa systématisation, de sa capitalisation et de son partage aussi bien à l'interne qu'à l'externe. Telle est la mission d'un centre d'information et de documentation dont la finalité réside dans la diffusion pour un partage optimal de l'information technique et scientifique disponible dans son fonds documentaire et ceci dans le but de concourir à l'atteinte des objectifs de son organisme de tutelle. Par conséquent, si la finalité des activités d'un centre d'information et de documentation est la diffusion de l'information en vue de la satisfaction des besoins de ses usagers aussi bien réels que potentiels, il n'en demeure pas moins vrai que tout centre d'information et de documentation ne vaut que par son taux de fréquentation ou celui de demande de consultation formulée par ses usagers. A cet effet, il ne serait pas alors exagéré de dire que le taux de fréquentation ou de consultation de documents représente au CID ce que le chiffre d'affaire représente pour les sociétés commerciales. Et un centre d'information qui a un faible taux de fréquentation est moins opérationnel et s'illustre forcément par une insuffisance de résultat.

Cependant, un CID ne saurait être vraiment opérationnel s'il n'est pas connu des utilisateurs ou s'il ne se fait connaître par les utilisateurs. Autrement dit, le CID de PROTOS ne saurait remplir au mieux cette fonction s'il n'est pas connu des utilisateurs ou s'il ne fait pas découvrir l'essentiel de son fonds aux usagers. Qui fait quoi et qui dispose de quoi ? C'est l'essentiel des questions que se posent différents utilisateurs qui ont non seulement du mal à s'orienter vers un centre de documentation pour résoudre leur problème mais aussi et surtout du mal à repérer les centres d'information et de documentation qui végètent généralement dans l'invisibilité.

2- OBJECTIFS ET HYPOTHESE DE L'ETUDE

L'objectif général de cette réflexion est l'optimisation de la diffusion des ressources documentaires à grande échelle du CID de PROTOS. Mais pour atteindre cet objectif général, il faudra spécifiquement :

- faire connaître le CID de PROTOS et ses ressources documentaires ;
- créer un organe d'information et de marketing à l'endroit des usagers réels et potentiels ;
- créer un canal de communication et d'échange avec les usagers.

Cette promotion qui met à contribution les technologies de l'information a des relents de valorisation du patrimoine documentaire en ce sens que par des méthodes marketing, elle vise au-delà de la connaissance du CID à inciter la cible à la consultation des ouvrages par les commentaires qui les accompagnent qui apportent une valeur ajoutée à l'ouvrage.

La réalisation de ces objectifs se fonde sur l'hypothèse selon laquelle, les centres d'information et de documentation n'atteignent généralement pas leur finalité en ce sens qu'ils ne reçoivent pas d'assez d'utilisateurs pendant qu'ailleurs, des usagers souffrent du manque d'information. Le cas du CID de PROTOS en est illustratif. Le paradoxe se situe dans le fait que des besoins restent insatisfaits pendant que des CID qui disposent de l'information ne sont pas consultés. Cette aberration subsiste, soit parce que les utilisateurs ne savent pas où trouver l'information nécessaire, ou soit parce que les CID ne savent pas qui a besoin de l'information dont ils disposent. D'où la nécessité de mettre un canal de communication et de dialogue entre les CID et les utilisateurs aussi bien réels que potentiels. A l'heure des technologies de l'information, la revue électronique apparaît comme l'organe de communication par excellence. Ceci est aussi très utile pour intégrer le CID dans la mouvance de la société de l'information, caractérisée par des enjeux et des défis relatifs à la gestion de l'information.

La démarche adoptée est axée sur la formalisation d'un projet autour de l'édition d'une revue électronique.

16

II- METHODOLOGIE DE FORMALISATION DU PROJET

A- ETAT DES LIEUX

PROTOS-Bénin dispose d'un Centre d'Information et de Documentation spécialisé dans les questions de l'eau, l'hygiène et l'assainissement dans toutes leurs dimensions. Jouissant à l'origine d'un budget annuel de trois mille euro, le centre compte aujourd'hui plus de deux mille titres[6]. On y trouve aussi des documents pertinents sur la maîtrise d'ouvrage communale, la décentralisation et le genre. Il dispose d'une grande salle de lecture de plus de vingt places, équipée de tables et chaises et de quatre ordinateurs connectés à l'Internet sur lesquels sont stockées les bases de données bibliographiques. On compte aussi une dizaine de port, de connexion réseau pour les visiteurs désireux de travailler sur leur ordinateur portable, un catalogue et des exemplaires de produits documentaires constitués d'articles de presse. Géré par un spécialiste de l'information documentaire, ce centre mène des activités qui tournent autour de l'acquisition des documents par les méthodes de veille et de collecte des besoins non satisfaits des usagers, du traitement de ces informations et de leur diffusion. Cependant, aussi paradoxal que cela puisse paraître, le CID de PROTOS Bénin ne suscite pas l'engouement des utilisateurs pendant que ces derniers souffrent d'un manque cruel d'information documentaire dans leurs travaux de recherche ou dans l'exécution de leurs activités. Autrement dit, les demandes de consultation ne sont pas à la hauteur des potentialités qu'offre le CID. A titre d'exemple, on peut apprécier le rapport d'activité de 2008 sur le point des ouvrages acquis et le taux de fréquentation du CID.

1- POINT DES OUVRAGES ACQUIS ET TAUX DE FREQUENTATION

Courant 2008, le CID de PROTOS-Bénin a collecté cent quatre documents (104) ouvrages relatifs à l'eau, la qualité de l'eau, la construction d'ouvrage hydraulique, la gestion de l'eau, l'assainissement, l'hygiène, la décentralisation, la maîtrise d'ouvrage au niveau des communes, le genre et le développement. Ces documents sont acquis par différentes voies de développement des collections. Il s'agit pour l'essentiel des achats, des téléchargements et des dons. Les dons regroupent l'ensemble des documents produits et distribués par certains organismes ainsi que tous les documents de synthèse distribués lors des ateliers, des séminaires de formation et d'information par les institutions partenaires. Rappelons qu'en dehors du soutien documentaire qu'il apporte au personnel de PROTOS-Bénin (consultation à l'interne) , le CID de l'ONG est un centre spécialisé qui s'adresse surtout à une cible d'étudiants, de chercheurs, aux professionnels du secteur AEPHA

---

6 Catalogue et bases de données du centre d'information et de documentation de PROTOS-Bénin

ainsi qu'à des acteurs de la décentralisation sensibles aux questions de l'eau, de l'hygiène et de l'assainissement (consultation externe).

Le tableau n°1 ci-dessous récapitule les ouvrages acquis courant 2008 et le taux de consultation à l'interne.

Tableau 1 : Ouvrages acquis et taux de consultation des agents de PROTOS

Ouvrages acquis			Consultation personnel de PROTOS		Taux de consultation /semaine
Achat	Télé chargement	Don	Mois	Personnel	Taux
21	26	9	janvier	0	1 demande de consultation par mois
			Février	2	
			Mars	3	
			Avril	0	
			Mai	Fermé pour 15 jours	
			Juin	0	
			Juillet	1	
			Août	2	
			Septembre	3	
			Octobre	1	
			Novembre	0	
			Décembre	0	

Source : Registre des acquisitions et registre des visiteurs

Le résultat donne une demande de consultation par mois venant de l'ensemble du personnel excepté le chargé de gestion des connaissances. Donc un total de 15 personnes pour 1 demande de consultation par mois sur un ensemble d'environ 2000 titres. D'où un taux de consultation de 0,05% par jour ouvrable.

Le tableau n° 2 ci-dessous récapitule les ouvrages acquis et le taux de fréquentation par semaine indexé sur cinq jours ouvrables déduction non faite des jours fériés. Le tableau est segmenté en fonction des mesures de promotion relatives à la confession et distribution d'affiches ainsi qu'à la publication de spots graphiques dans un journal partenaire : le Municipal.

> Avant la confection et la distribution d'affiche et de publication de spot graphique

Tableau 2: Taux de consultation des usagers externes avant les annonces

Ouvrages acquis			Visiteurs/mois		Fréquentation moyenne/semaine
Achat	Télé chargement	Don	Mois	Visiteurs	Taux
21	26	9	janvier	5	Plus de 1 visiteur par semaine
			Février	5	
			Mars	9	
			Avril et début mai	Fermé	
			65 jours ouvrables	19	1,46
			13 semaines	19	1.46

Source : Registre des acquisitions et registre des visiteurs

Le taux de consultation est estimé à 1,46 % par jour pour environ 2000 titres pertinents. La question est de savoir si ce sont les besoins en documentations relatifs à l'eau, hygiène et assainissement ainsi que la décentralisation, le genre et le développement qui sont aussi rares que cela ou bien c'est plutôt le centre d'information et son fonds documentaire qui sont inconnus du public cible. Des affiches et spots graphiques ont été alors réalisés et distribués vers la fin du mois de Mai 2008. Les résultats du taux de fréquentation du reste de l'année se déclinent dans le tableau 3 ci-dessous.

> Après la confection et distribution d'affiches et de publication de spots graphiques

Ouvrages acquis			Visiteurs/mois		Fréquentation moyenne/semaine
Achetés	Téléchargés	Reçus	Mois	Visiteurs	Taux
20	8	20	Fin mai	3	Près de 3 visiteurs par semaine
			Juin	5	
			Juillet	4	
			Août	16	
			Septembre	4	
			Octobre	17	
			Novembre	19	
			Mi-décembre	5	
			145 jours ouvrables	73	2.51
			29 semaines	73	2.51

Source : Registre des acquisitions et registre des visiteurs

Encadré 1: Interprétation du taux de fréquentation

Des deux taux sus indiqués, il se dégage un taux de fréquentation qui équivaut à environ deux (2) visiteurs par semaine. Un taux de fréquentation qui a connu une certaine amélioration mais qui reste tout de même bas au regard des potentialités qu'offre le CID.

Le degré de satisfaction des usagers d'après leur note dans le registre de visiteurs est de 74%. Au nombre des 26% d'insatisfaction due à la non disponibilité des documents recherchés par le visiteur dans le CID, environ 10% sont dus à la sortie des documents pour raison de prêt. Mais il serait difficile de dire que ce taux de satisfaction serait pour autant élevé si le centre avait un fort taux de fréquentation.

Toute chose qui rend encore impérieuse la poursuite de la réflexion sur la dynamisation du CID. Une enquête complémentaire sur les sources d'information en eau et assainissement permet d'obtenir les résultats consignés dans le tableau ci-dessous.

B- VERIFICATION DE L'HYPOTHESE

Tableau 4: Résultats de l'enquête sur les sources d'information des usagers

Nombre d'enquêtés	Profil usagers potentiels	Sources d'information sur eau, hygiène et assainissement		
		CID-PROTOS	Internet	Autres CID
10	Etudiant	3	10	6
10	Enseignant	1	8	4
10	Professionnel	2	10	3

Source : Enquêtes de terrain

Figure 1: Représentation du degré d'utilisation des sources d'information

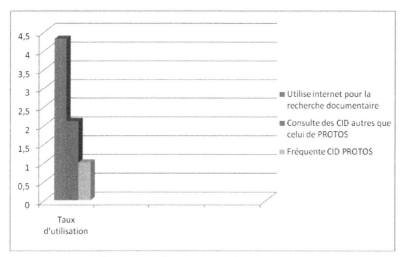

NB : Autres CID : CID FSA[7] ; CID EPAC[8] ; CID CREPA[9] qui ne sont pas très spécialisés en eau et assainissement comme CID PROTOS. Les professionnels sont pour l'essentiel l'ensemble des ingénieurs et techniciens de l'eau et assainissement en poste, des journalistes et administrateurs de développement local.

---

7 Faculté des Sciences Agronomiques
8 Ecole Polytechnique d'Abomey Calavi
9 Centre Régional d'Eau Potable et Assainissement à faible coût

Encadré 2: Interprétation des résultats de l'enquête sur les sources d'information

Il ressort aussi des enquêtes que :

- 93,33 % des enquêtés utilisent Internet pour leur recherche,

-Sur 43% qui se documentent auprès d'un CID, le CID de PROTOS ne reçoit que 20% des demandes alors qu'il semble être plus spécialisé sur l'eau et l'assainissement que les autres qui englobent des domaines plus généraux.

-Le CID de PROTOS est non seulement très spécialisé, mais aussi riche, compte tenu du domaine qu'il embrasse. Le CID de CREPA ne dispose pas assez de ressources documentaires en eau et assainissement ainsi que développement local.

-Plus de 14% sur les 20% d'usagers reçus par le CID de PROTOS sont réorientés par le CREPA qui ne dispose pas de la ressource documentaire et par le PNE[10] qui ne dispose pas de CID. Ainsi, la quasi-totalité des usagers enquêtés utilisent internet pour tenter de résoudre leurs besoins documentaires sur l'eau, l'hygiène et l'assainissement pour deux raisons fondamentales :

-parce qu'ils n'ont pas connaissance de l'existence du CID de PROTOS-Bénin comme centre spécialisé en eau, hygiène et assainissement ;

- parce qu'internet est beaucoup plus à leur porté.

Dans le même temps, la majorité reconnaît qu'Internet n'apporte souvent pas de résultats pertinents par rapport à leur besoin et les documents réalisés au Bénin ne sont souvent pas disponibles sur le net.

2- ANALYSE DES RESULTATS ET CONCLUSION

De tout ce qui précède, il ressort que le centre d'information et de documentation de PROTOS-Bénin présente des insuffisances de résultats et donc ne concoure pas efficacement à l'atteinte des objectifs de développement de l'ONG PROTOS. Cet état de choses qui a entraîné la diminution du budget annuel que l'ONG alloue à l'achat de documents au profit du CID (de 3000 euro à 1500 euro) est dû à l'invisibilité dans laquelle se trouve le CID. Les usagers n'ont ni connaissance du CID ni connaissance des documents qui y sont conservés. La majorité des usagers se rabattent sur l'Internet pour satisfaire leurs besoins. L'Internet ne leur apporte souvent que des informations peu pertinentes et les ouvrages encore sous droit d'auteur, purement et simplement protégés ne sont accessibles qu'en partie ou qu'en références. Mieux, l'essentiel des rapports et

---

10 Partenariat National de l'Eau

actes de séminaire produits au Bénin, ne sont pas disponibles en ligne. Dans le même temps, le CID de PROTOS qui dispose de beaucoup d'ouvrages (encore sous droit d'auteur) acquis auprès des librairies et de beaucoup de rapports et actes de séminaire produits au Bénin (non disponibles sur le net) n'est pas connu des usagers qui se rabattent presque toujours sur le net pour résoudre leur problème d'information. Si la confession et la distribution d'affiches ainsi que la publication de spots graphiques ont participé quelque peu au rayonnement du CID, il gagnerait davantage à être valorisé sur le net à travers son fonds. Les résultats des enquêtes nous ont permis de constater qu'Internet représente aujourd'hui au Bénin, à plus de 93% pour tout professionnel, enseignant ou étudiant, le point de départ de la recherche. Il s'agit là d'un réflexe instinctif qui trouve son origine dans l'évolution du système informationnel due au développement des TIC. Une évolution qui a consacré la société de l'information dans laquelle il devient de plus en plus impossible pour un service d'information hors connexion de fonctionner à plein régime. De nos jours, compte tenu de l'importance des internautes, aucun service d'information documentaire opérant dans la léthargie ne saurait optimiser ses résultats attenants à sa capacité de diffusion de l'information. C'est spécifiquement en cela qu'il s'avère utile, l'édition d'une revue électronique pour faire connaître aux utilisateurs les ressources documentaires disponibles dans le CID de PROTOS-Bénin.

CHAPITRE 2 : DEFINITION DU PROJET PROFESSIONNEL

I-   APPROCHES CONCEPTUELLES ET FAISABILITE DU PROJET

A- DEFINITION DES CONCEPTS CLES

❖ **Revue électronique**

Selon le dictionnaire encyclopédique des sciences de l'information[11] et de la communication, la revue se définit comme « une publication périodique spécialisée ». Si la périodicité et la spécialité constituent des critères déterminants dans la définition d'une revue, celui du support n'en est pas pour autant. Et pour cause, une revue électronique peut être fixée sur un support physique et tangible (exemple du papier) comme sur support numérique et intangible exemple des CD-ROM, disque dur d'un ordinateur et serveur web. La revue électronique se définit donc comme une publication périodique spécialisée accessible sur support informatique. La revue électronique peut être tout d'abord un produit de substitution d'une édition traditionnelle. Cela signifie qu'il s'agit de la copie exacte de l'édition sur support papier : même titre, même rythme de parution, même numérotation, etc. Dans d'autres cas, il s'agit d'une publication totalement originale, sans équivalent papier, mais qui peut être définie selon les critères généralement retenus pour les publications en série : elles paraissent à intervalles réguliers ou irréguliers, disposant d'une identification numérique ou chronologique, et sont souvent munies d'un identificateur univoque (généralement ISSN[12] ou ISBN[13]), etc. On en distingue plusieurs catégories.

• *Typologie des publications électroniques*

La typologie des périodiques électroniques est loin d'être simple. En effet, il existe de très nombreux critères qui permettent d'en définir différents types. Certains aspects se définissent par analogie aux revues imprimées, alors que d'autres sont spécifiques aux supports électroniques. Il n'est donc pas possible de réunir en un seul tableau la typologie complète des périodiques électroniques. Sans être exhaustif, nous citerons entre autres :

• *Les revues de presse* : il s'agit des documents qui font la synthèse de la presse sur un sujet donné ou différents thèmes pertinents pour les membres d'une organisation en réunissant les différents messages ou articles qui ont été consacrés à ce sujet ou à ce thème.

---

11 Lamizet, Bernard ; SILEM Ahmed. Dictionnaire encyclopédique des sciences de l'information et de la communication. 1997.
12 ISSN : International Standard Serial Number
13 ISBN : International Standard Book Number

- *Les Revues Scientifiques* : selon AFNOR[14] sur le plan formel, la revue scientifique se définit comme « une publication en série, dotée d'un titre unique, dont les livraisons, généralement composées de plusieurs articles répertoriés dans un sommaire, se succèdent chronologiquement, à intervalles plus ou moins réguliers ». ce sont des revues savantes qui jouent un rôle essentiel dans tout le cycle de la recherche scientifique : elles servent, en principe, à la diffusion du savoir, des nouvelles découvertes, des nouvelles hypothèses. La diffusion de ces informations à travers des canaux formels, les revues scientifiques, a également pour objectif de valider ces informations, c'est-à-dire de les soumettre à l'analyse critique des pairs en vue de les légitimer ou de les critiquer, voire de les réfuter.

- *Les Revues Sommaires* : encore appelées bibliographies de sommaires qui ne sont composés que de sommaires de périodiques ou de monographies disposant d'un support papier et/ou d'un support électronique. Il s'agit d'attirer le lecteur vers le document complet au moyen d'une lecture rapide permettant immédiatement de décider s'il veut ou non lire le document complet. Il s'agit d'une forme particulière de promotion avec un outil d'information qui anticipe sur le besoin des usagers et leur évite le déplacement inutile.

Cette dernière catégorie est la revue type à travers laquelle peut se faire, avec succès, la valorisation du patrimoine documentaire d'un centre d'information et de documentation. Il faut noter qu'avec le développement des réseaux télématiques, les revues sommaires sur support papier sont fortement concurrencées par les revues sommaires sur support électronique.

❖ **Patrimoine documentaire**

Le grand dictionnaire encyclopédique Larousse définit le patrimoine comme « un bien que l'on détient par héritage du côté de ses ascendants ; ce qui est considéré comme un bien propre, une richesse[15] ».

En effet, la notion du patrimoine documentaire est relativement récente par rapport aux autres formes de patrimoine (monumental, mobilier, ethnologique). Pourtant, la vocation patrimoniale a accompagné l'apparition de bibliothèques conçues en tant que dépôts de livres et temples du savoir. D'autre part, le patrimoine des bibliothèques fut longtemps limité au fonds anciens (manuscrits et livres antérieurs au 19ème siècle). Ce n'est qu'à partir des années 80 (1980 a été proclamée année du patrimoine) que la notion du patrimoine a connu une extension pour englober tous les documents (et non plus les livres) anciens, rares et précieux. Ainsi, le concept a pu

---

14 Association Française de Normalisation
15 Larousse, Pierre. Grand dictionnaire. 1997.

d'une part, intégrer les autres supports documentaires (sonores, visuels, iconographique, cartographiques, magnétiques) et d'autre part, acquérir une dimension dynamique et cumulative en ce sens que chaque génération héritière du patrimoine de ses prédécesseurs, le transmettra à ses successeurs, enrichi de sa propre production. C'est ainsi que des documents récents joindront continuellement les collections patrimoniales pour témoigner de la participation des générations actuelles (et futures) à l'œuvre universelle de l'esprit humain à travers l'histoire.

Les collections patrimoniales détenues par les bibliothèques et centres de documentation ne cessent de gagner en intérêt et valeur. Les raisons qui président à ce phénomène peuvent être résumées dans les points suivants :

- *Un intérêt culturel* : lié à la valeur identitaire que recèle l'héritage, transmis à une communauté donnée par ses générations successives. Cet héritage constitue en effet, une sorte de mémoire collective riche en témoignage sur le passé culturel, intellectuel, social, politique, économique etc. de ladite communauté.
- *Un intérêt scientifique et de savoir* : les collections patrimoniales sont très utiles pour les travaux de recherche dans les différents domaines du savoir. Dans ce cadre, le patrimoine écrit et graphique présente la particularité d'être doublement intéressant par les contenus qu'il véhicule, et par ses supports qui constituent une source précieuse pour les chercheurs en histoire de texte, en paléographie, ou en histoire de l'édition et de l'imprimerie.

- *Un intérêt émotionnel* : lié à la consommation esthétique (manuscrit et peinture, reliure d'art etc.) ou effective (effet de prestige et de nostalgie) des œuvres.

- *Un intérêt économique* : qui ne cesse de se confirmer en relation avec les politiques de valorisation des collections et des défis technologiques de transfert des supports, de la numérisation et de l'insertion dans les réseaux en bouleversant les idées non reçues sur l'authenticité des données et l'originalité des supports.

Il s'en déduit alors que le patrimoine documentaire est considéré comme un bien culturel et scientifique auquel il faut faire prendre de la valeur, lui donner une importance accrue, un prestige et rendre accessible en le sortant de sa léthargie et donc le valoriser grâce à une stratégie bien définie.

❖ **Stratégie de valorisation**

Le Petit Robert dictionnaire alphabétique et analogique de langue française définit la stratégie d'abord comme un « ensemble d'actions coordonnées, de manœuvre en vue d'une victoire et ensuite comme un ensemble d'objectifs opérationnels choisis pour mettre en œuvre une politique préalablement définie »[16]. Dans le cadre du présent projet, la stratégie de valorisation du patrimoine documentaire comprend aussi bien l'approche que la technique à mettre en œuvre pour mieux rendre accessible l'information documentaire disponible dans le centre d'information et de documentation aux fins de mieux la faire partager avec les utilisateurs réels comme potentiels. Elle se décline en une approche marketing et en une application d'alerte info ou de newsletter à adresser aux utilisateurs à chaque parution de la revue. Les deux aspects de la stratégie se déclinent comme suit :

- **L'approche marketing**

Il s'agit d'une approche orientée vers les besoins des usagers avec à la clé une anticipation sur leur besoin. Dayan et al définissent le marketing comme « une méthode, sous-tendue par un état d'esprit d'ouverture à l'extérieur, qui met en œuvre une démarche et des outils, avec pour objectif l'adhésion des publics de l'Organisation, pour réussir dans un domaine ou sur un marché. Il vise la satisfaction des individus pour le plus grand profit de l'organisation, à partir de l'étude des agents et des facteurs du marché, de leur comportement et de leurs motivations profondes grâce à l'application de techniques d'incitation[17].»

- **L'aspect technologique**

L'aspect technologique de la stratégie repose exclusivement sur les fonctionnalités interactives du site web de la structure. Elle consistera en la création d'une interface d'échange et de dialogue à distance avec les utilisateurs internautes. Ceci grâce à certaines applications modulaires de type « alerte ». Ces derniers depuis leur poste de travail (ordinateur) sur leur demande (abonnement à la newsletter) seront chaque fois informés des nouvelles collections ainsi que d'autres ressources documentaires disponibles dans le centre sur tel ou tel thème avec des commentaires incitatifs à la consultation. Il s'agit d'une technique d'anticipation sur les besoins des utilisateurs. Ceci suppose au préalable la définition des usagers cibles réels comme potentiels. Cette stratégie de valorisation axée sur une approche marketing et une approche technologique est en phase avec les nouveaux enjeux de la société de l'information et permet de relever les défis créés par l'évolution du système d'information quoique recelant quelques contraintes.

---

16 Robert, Lafont. Dictionnaire alphabétique et analogique de langue française. 1997.

17 Dayan, A. ; et al. (1999). Manuel de gestion, vol.1. Paris (FR) : Elipses Ed. Marketing S.A., P. 242.

B- DEFINITION DU CONTENU EDITORIAL DE LA REVUE

Définir la politique éditoriale d'une revue, c'est concevoir l'orientation stratégique (ligne rédactionnelle) à donner à la revue en déterminant la typologie et le genre de contenu (texte et image) qu'elle devra comporter pour atteindre les objectifs pour lesquelles elle est créée. Pour le faire, il faudra répondre aux questions suivantes :

➢ Pour qui écrire ?

« On n'écrit pas pour soi, on écrit pour ses lecteurs »[18] voilà la maxime qui place le lectorat au cœur la politique éditoriale d'une revue. Une revue portant sur la valorisation du patrimoine dans un secteur donné en l'occurrence l'AEPHA, ne peut s'adresser qu'à une catégorie d'utilisateurs ; ceux du secteur. Il s'agit d'une cible restreinte contrairement aux journaux généralistes qui s'adressent à une cible plus large.

➢ Quoi écrire ?

Cette question fait appel à la ligne rédactionnelle et aux différentes rubriques devant meubler le journal. La ligne rédactionnelle dans le cas d'espèce est la vision documentaire dans le secteur AEPHA à laquelle l'équipe de rédaction adhère. Le rubriquage étant la détermination d'un domaine d'intérêt, élaborer un rubriquage, c'est déterminer des sous-ensembles fixés une fois pour toutes, et qui, là encore, ne changeront pas d'un numéro à l'autre.

➢ Sous quel nom écrire ?

Le titre de la revue doit être évocateur ;

➢ Quand écrire ?

La définition de la périodicité de la revue est très importante ;

➢ Où écrire ?

Cette question fait appel à la localisation des lecteurs. Elle importe peu dans le cadre de la revue électronique dont la distribution ne se fait que par voie informatique.

➢ Comment écrire ?

Il s'agit ici du choix de la présentation de la maquette ; du format de fichier ; du choix du colonnage ; de la typographie et de l'enrichissement (illustrations).

II- ETUDE DE FAISABILITE DU PROJET

A- ENJEUX ET DEFIS DE LA SOCIETE DE L'INFORMATION

---

18 Fra, Daniel, Ngangue, Eyoum. Créer, gérer et animer une publication : formation pratique à la presse en Afrique. Ed : GRET. 1998

1- *ENJEUX DU PROJET DE CREATION DE REVUE ELECTRONIQUE ET DEFINITION DU CONTENU DE LA REVUE*

Le développement des nouvelles technologies de l'information et de la communication a consacré une certaine révolution dans les méthodes et pratiques de gestion des systèmes d'information. Le monde qui aujourd'hui se mesure en capacité de bande passante est devenu ce qu'il est convenu d'appeler société de l'information. Ainsi compte tenu des nouvelles donnes, dans un certain nombre de cas, le support papier a aujourd'hui montré ses limites pour véhiculer des informations générées par les technologies actuelles. Par exemple, les nouvelles sources d'information comprennent désormais de nombreuses images animées, qui parfois ne possèdent qu'une existence informatique : ce sont les fameuses *« images de synthèse[19] »* que l'on utilise désormais abondamment dans tous les domaines : architecture, aménagement du territoire mais encore mécanique, médecine, etc. Dans le domaine de l'informatique ludique, on appelle cela « les mondes virtuels ». Le « *son* » accompagne et illustre les informations textuelles et/ou visuelles.

L'hypertexte et l'hypermédia sont désormais des formes de création intellectuelles largement diffusées dans les communautés scientifiques. Les auteurs conçoivent leurs démonstrations ou leur manuel en mode « *hypermédia[20]* » grâce à des logiciels appropriés à la création de ce type de publication «*authorware[21]*».

En ce qui concerne la *rapidité* de la dissémination de l'information, il est évident que la diffusion électronique à travers des réseaux informatiques est beaucoup plus performante que les moyens traditionnels. De plus, elle est économiquement concurrentielle.

La diffusion des compétences informatiques, dans toutes les communautés scientifiques, est également un facteur important qui a conduit de nombreux chercheurs à créer ou à transporter des revues scientifiques de tout genre sur supports électroniques.

Comme le signale Jean-Michel Mermet[22], certains signes montrent que le cycle de l'information papier pourrait s'effondrer, non seulement pour des raisons du coût de stockage mais encore pour des *raisons économiques*. Des études récentes ont montré que pendant la période 1988-1992 les bibliothèques nord-américaines ont abandonné près de 6% de leur abonnement pour des

---

19 Jacquesson, Alain. Rivier, Alexis. Bibliothèques et documents numériques : concepts, composantes techniques et enjeux. Edition du cercle de la librairie. Mars 1999.

20 Idem

21 Idem

22 Jacquesson, Alain. Rivier, Alexis. Bibliothèques et documents numériques : concepts, composantes techniques et enjeux. Edition du cercle de la librairie. Mars 1999.

raisons de ce type, alors que les coûts d'abonnement aux périodiques restant augmentaient pendant la même période de 30%[23].

Enfin, la fonction même de certains périodiques scientifiques sur support papier est en train de se modifier, la communauté scientifique prenant de plus en plus l'habitude de communiquer rapidement sur Internet par courrier électronique, liste de diffusion, etc. Peu à peu naissent les alternatives électroniques aux moyens de diffusions électroniques. Le projet vise à épouser ces nouveaux enjeux de la société de l'information.

2- DEFIS DE LA VALORISATION DU PATRIMOINE DOCUMENTAIRE

L'usage des TIC pour créer et gérer des systèmes d'information efficients constitue un véritable défi aux services d'information et de documentation des pays du Sud. Ce projet vise à relever le défi de la communication documentaire dans un centre d'information et de documentation à l'ère de la société de l'information où la quasi-totalité des usagers de façon instantanée consulte d'abord des sites internet au premier acte du processus de résolution de leur besoin documentaire. L'internet n'étant pas toujours en mesure d'offrir des informations pertinentes, compte tenu des droits d'auteurs et compte tenu de ce que tout ne se retrouve pas sur Internet, on note un recul dans la qualité de la recherche suite à l'insatisfaction des chercheurs. Or l'information ne vaut que par son partage et un centre d'information et de documentation se doit de partager l'information collectée, traitée et disponible dans son fonds documentaire. Faut-il le rappeler que vain est le travail de collecte et de traitement de l'information si des mesures adéquates ne sont pas mises en œuvre pour faciliter et optimiser son partage avec ceux qui en sont dans le besoin.

En effet, dans tous les cas, l'objectif de la valorisation est de faciliter la relation d'échange entre le centre d'information et son environnement. Le concept valorisation est ainsi mieux compris sous son approche marketing. Il s'agit dans le cas d'espèce du marketing social. Fonctionnant aujourd'hui comme une véritable entreprise culturelle[24], un service d'information avec le développement du système informationnel, évolue dans un environnement concurrentiel dont le plus grand challenger se trouve être l'internet qui draine plus de monde et qui tend à se substituer au service d'information documentaire. C'est dans un tel contexte que le service d'information à intérêt à utiliser les potentiels d'internet pour optimiser la diffusion de ses produits qui ne sont

---

23 Idem

24 Muet, Florence ; Rivier, Alexis. Stratégie marketing des services d'information. Ed. Du cercle de la librairie. 2001.

d'autres que son patrimoine documentaire[25]. C'est pourquoi, le projet place l'internet à travers la revue électronique au centre de sa stratégie de valorisation du patrimoine. Il permettra de mieux répondre aux attentes des usagers qui sont de plus en plus nombreux sur le net, d'anticiper sur leurs besoins et d'apporter un début de solution à leurs préoccupations documentaires à travers des références bibliographiques, signalétiques et analytiques, des commentaires incitatifs sur les différents ouvrages disponibles que la revue se chargera d'offrir.

B- ANALYSE DE L'ENVIRONNEMENT TECHNOLOGIUE DE PROTOS ET CONTRAINTES DE LA STRATEGIE DE VALORISATION

1- ACQUIS

PROTOS dispose d'un site internet qui constitue un espace de médiation virtuelle sur lequel la revue peut être chargée et accessible si possible à partir d'un lien hypertexte. Il s'agit là d'un dispositif technologique qui constitue un acquis à la mise en œuvre du projet. Ci-dessous, se trouve la page d'accueil du site web.

Figure 2: Page d'accueil site web de PROTOS

Adresse du site web : www.protosh2o.org

2- LIMITES ET CONTRAINTES

Dans l'ensemble, les fonctionnalités relatives à l'existence d'un moteur de recherche et à la navigation sont assez bonnes. Cependant, il importe de souligner qu'il s'agit d'un site web statique. Les images sont inanimées, et les informations ne sont pas mises à jour systématiquement par le serveur. Le site n'offre aucune interactivité avec les visiteurs. Ainsi des fonctionnalités telles que la

---

25 Pochet, Bernard. Méthodologie documentaire : comment accéder à la lecture scientifique à l'heure d'internet ? Ed. de Boeck Université. 2002

foire aux questions (FAQ), le forum de discussion, les conditions d'utilisation des informations disponibles sur le site, la liste de diffusion sont inexistantes. En outre, lorsqu'on clique sur le menu « bibliothèque » pour effectuer une recherche documentaire, le contenu est souvent inexistant ; la base de données n'est pas en ligne : c'est très frustrant pour l'internaute. La figure ci-dessous constitue l'interface de recherche d'une page web.

Figure 3: Page de recherche documentaire du site web de PROTOS

En définitive, le site donne l'apparence d'un site web statique. Les informations affichées sont toujours les mêmes et n'évoluent pas. Mais dans la conception, il est bien possible que le webmaster l'ait programmé avec un langage dynamique et l'ait associé à une base de données. Mais une constance demeure : le site web n'offre pas de possibilité interactive (du moins avec le grand public). Pour répondre au besoin technologique qu'exige la stratégie de diffusion de la revue, il faudra :

1. procéder à la refonte du site web actuel de PROTOS et concevoir en lieu et place un site web dynamique et interactif avec des applications permettant de mesurer le taux de consultation des pages ;

2. intégrer dans la conception du site web un module de distribution de la revue via une newsletter avec la possibilité aux utilisateurs de s'y abonner en ligne ;

3. programmer sur le site un forum de discussion doté d'une foire aux questions ;
4. intégrer la revue dans le référencement du site web qui permettra au moteur de recherche d'y accéder ;
5. mettre en ligne la base documentaire du CID de PROTOS-Bénin en vue de faciliter des recherches à distance aux utilisateurs ;

Les spécificités de la revue électronique, le canal de diffusion ainsi que les caractéristiques de diffusion constituent des limites à la stratégie de valorisation adoptée. D'abord parce qu'elle ne consiste pas à la numérisation et la mise en ligne du patrimoine documentaire à partir des liens hypertextes contenus dans la revue électronique. Ensuite dans le respect des droits d'auteur, certains ouvrages ne peuvent pas faire l'objet de diffusion en ligne quoi qu'ils soient disponibles en version électronique sur un support numérique comme le CD-ROM. Enfin, la revue ne sera pas présentée comme un portail documentaire mais plutôt sous forme d'un journal électronique organisé en pages et colonne et téléchargeable à partir du lien hypertexte ; ce qui exclu toute forme de bibliothèque virtuelle.

DEUXIEME PARTIE : PLANIFICATION DE L'EXECUTION ET CADRE DU SUIVI-EVALUATION DU PROJET

CHAPITRE 1 : CAHIER DES CHARGES, METHODOLOGIE ET RESSOURCES NECESSAIRES

I- CAHIER DES CHARGES TECHNIQUES

A- CAHIER DES CHARGES POUR LA REFONTE DU SITE WEB

La stratégie dépendant aussi des fonctionnalités du site web, il s'avère alors nécessaire de procéder à la refonte du site web en vue de le rendre dynamique et interactif qui l'accommoder aux nouvelles donnes. Les spécificités techniques et fonctionnelles nécessaires à cet effet se décline comme suit :

➢ **Type de site web :** il sera dynamique avec des pages web contenant des formulaires d'interrogation de la base de données et des foras d'échange (Foire Aux Questions).

➢ **Langue :** le site sera en français, il pourra par la suite être bilingue (français – anglais).

➢ **Aspects techniques :**
- le site web sera développé en langage PhP et l'hébergement devra se faire sur un serveur Apache et disposer d'une base Mysql pour la compatibilité avec le logiciel de gestion de la bibliothèque ;
- l'architecture devra être légère avec une arborescence la moins compliquée possible. Toutefois, chaque page devra comporter un insigne (le logo par exemple) qui devra permettre le retour à la page d'accueil ;
- les balises <META> devront être correctement renseignées ;
- le site web devra être fonctionnel dans la mesure du possible sous environnement Windows, Mac et linux avec les navigateurs Internet Explorer et Mozilla Firefox ;
- tous les URL porteront des noms courts et parlants ;
- les pages doivent être conçues en tenant compte d'un débit internet de 56 kb/s (débit de bon nombre de modems) ;

- les références du contact de l'administrateur et le copyright seront insérés au bas de chaque page pour l'ensemble du site avec une date de création et de modification des pages du site ;
- le site web disposera de pages d'interrogation de la base de données du centre de documentation ;
- le site web devra comporter un compteur de visites et offrir également la possibilité de récolter des statistiques de navigation et de consultation des pages et informations ;
- l'accès aux ressources du centre sera limité au catalogue thématique ou références accompagnées des résumés ;
- le site web sera hébergé au niveau du même hébergeur que celui de l'ancien site de PROTOS.

➢ **Charte graphique :**
- **Logo** : le logo à utiliser sera celui de PROTOS ; il sera en couleurs et dans sa version originale ;
- **Couleurs** : Les couleurs à utiliser seront celles du logo de PROTOS notamment, le blanc et le bleu ;
- **Typographie** : les polices de caractères des textes seront Arial, et sous différentes tailles selon les contextes ;
- **Mise en page** : les textes seront en caractère noir sur fond gris. Des photos du centre de ressources et de documentation de PROTOS seront utilisées pour agrémenter le site.

➢ **Ergonomie :** la page d'accueil comportera des rubriques fixes et des informations déroulantes. Les informations seront organisées en deux menus : un menu vertical et un menu horizontal.
Le menu vertical comportera des informations plus ou moins fixes à savoir :
- « Qui sommes nous » ;
- « Nos programmes » ;
- « L'eau dans le monde »
- « Nos partenaires » ;
- « Votre contribution » ;
- « Nos ressources documentaires » ;
- « S'abonner à la newsletter ».

Le menu horizontal sera consacré à l'actualité. Il s'agit de
- « Agenda » ;

- « Appel d'offre » ;
- « Offre d'emploi » ;
- « Publications » ;
- « Foire Aux Questions ».

Au dessus du menu horizontal, il sera prévu une bannière aux couleurs de PROTOS comportant à l'extrémité droit le Logo de l'institution. Cette bannière sera l'espace dans lequel pourront défiler des informations qui sont d'actualité sous forme de bande d'annonce. Par exemple l'annonce de la parution d'un nouveau numéro de la revue électronique. La bande d'annonce sera par exemple un lien hypertexte qui pourrait conduire au contenu de la revue téléchargeable sous format PDF[26]. Le lien sur le centre d'information permettrait d'accéder à des sous rubriques que sont :

- o « Archives » qui sera un lien par lequel on peut accéder aux anciens numéros de la revue ;
- o « Le responsable » qui sera un lien permettant d'accéder aux coordonnés du chargé de gestion des connaissances (adresses géographique, postale et électronique) ;
- o « Base de données » qui sera un lien permettant d'accéder à l'interface du logiciel de gestion de la base de données.

> **Maintenance et mises à jour :** elles seront assurées par l'administrateur réseau et le chargé de la gestion des connaissances suivant une périodicité fixe et assez courte.

B- CAHIER DES CHARGES POUR L'EDITION DE LA REVUE

Le cahier des charges est l'expression des besoins nécessaires, essentiels, fonctionnels et techniques de la solution. La solution étant ici l'édition d'une revue électronique en vue de procéder à la valoriser des ressources documentaires du CID. Cette valorisation du patrimoine documentaire du CID, objectif général du projet, vise spécifiquement à améliorer le taux de fréquentation du CID, à associer les NTIC à l'optimisation de la diffusion de l'information dans un CID et à l'instauration du dialogue entre les utilisateurs et le gestionnaire du CID. C'est au regard de ces objectifs et dans le respect des droits d'auteur que le contenu de la revue doit être profilé. Le choix des formats de fichier sera fait en fonction de l'environnement technologique et du souci de protection des données alors que la stratégie technologique va se fonder sur les fonctionnalités des sites web. Le cahier des charges pour l'édition de la revue peut se présenter comme suit :

---

26 Portable Document Format

> *Typologie des contenus, organisation et charte graphique* :
- la revue sera présentée sur trois pages de format A4 ;
- la première page sera la page illustrée des titres avec au fronton, le titre de la revue, sous forme de bannière en fond bleu ;
- les deux dernières pages de la revue seront organisées sous forme de colonnes.
- la deuxième page sera consacrée à l'éditorial et aux actualités dans le secteur AEPHA ; aux mentions des articles traitant de cette actualité dans la presse locale et aux nouvelles acquisitions documentaires au profit du CID ;
- la troisième et dernière page sera consacrée à un article thématique en relation avec les activités de PROTOS et la présentation analytique des ouvrages qui traitent de la question et qui sont disponibles dans le CID ainsi que des liens hypertextes utiles sur la question dont celui du site web de PROTOS.
- les textes seront en Arial couleur noire sur fonds blanc ;
- la charte graphique sera définie en fonction d'une organisation digeste qui fusionne textes et images.

> *Typologie des formats*
- les images seront enregistrées sous format JPEG[27]. Il s'agit d'un format qui est moins lourd et présente une bonne résolution sur le net. La version définitive de la revue sera enregistrée sous le format PDF.
- le PDF Adobe sera le format de fichier à adopter par souci de protection des données contre toute modification ; il est désormais une norme internationale ISO[28] sous la référence ISO 32000-1 : 2008 depuis le 02 juillet 2008 ;
- Adobe Acrobate qui est le producteur du fichier PDF est compatible avec les systèmes d'exploitation que sont Windows, Linux, Unix et Macintosh ;
- le PDF est format de fichier léger et transportable facilement via internet.

> *Stratégie technologique* :
- La revue sera enregistrée sur le serveur du site web. Il sera à cet effet téléchargeable sur le site web à partir d'un lien hypertexte et/ou téléchargeable à partir du lien hypertexte reçu par les abonnés à la newsletter dans leur boîte électronique.

---

27 Joint Photographic Expert Group
28 International Standard Organisation

II- METHODOLOGIE D'EXECUTION DES TRAVAUX ET BUDGET

A- MISE EN PLACE D'UNE EQUIPE D'EXECUTION ET D'UN COMITE DE SUIVI

1- EQUIPE D'EXECUTION

L'équipe d'exécute est l'ensemble des ressources humaines nécessaires pour l'implémentation du projet. Elle se composera :

- du chargé de gestion des connaissances : responsable du CID, chef de projet, il s'occupera de la présentation du patrimoine documentaire et veillera à la coordination et au suivi des actions et des orientations stratégiques définies en conformité avec les besoins du centre d'information et de documentation;
- d'un journaliste éditorialiste consultant dans les questions de l'eau hygiène et assainissement. Il sera chargé du rubriquage et de la définition des articles ;
- de deux ingénieurs du secteur AEPHA (dont l'un est employé de PROTOS et l'autre consultant), chargés de l'appréciation de la qualité technique des articles ;
- d'un graphiste prestataire qui sera chargé de la conception de la charte graphique de la revue et de son du montage ;
- d'un webmaster prestataire qui sera chargé de la refonte site web ;
- d'un secrétaire rédacteur prestataire qui s'occupera de la saisie et de la correction des articles ;
- d'un administrateur réseau agent de PROTOS, ingénieur en informatique, qui sera chargé de la maintenance des plateformes informatiques et de l'administration du réseau.

2- COMITE DE DIRECTION

Il peut comprendre le Représentant résident et les deux chargés de programmes. Il s'occupera du suivi des différentes tâches aux étapes de démarrage, à mi-parcours et à la fin du projet. Il devra donc s'assurer que les activités sont correctement exécutées ou sinon relever les difficultés et blocages afférents, faire des suggestions et recommandations, évaluer le prototype du site, ses fonctionnalités, sa performance ainsi que la qualité du numéro zéro de la revue.

B- CHRONOGRAMME D'EXECUTION DES TACHES ET RESSOURCES NECESSAIRES

1- DETAILS DES TACHES TECHNIQUES DE REFONTE ET CONCEPTION DU SITE WEB

Tableau n°5 : Détail des tâches technique de conception du site web

2- DETAIL DES TACHES TECHNIQUES EDITION DU NUMERO ZERO DE LA REVUE

Tableau n°6 : Détail des tâches techniques d'édition de la revue

Tableau 5: Détail des charges techniques refonte et conception du site web

Grandes Phases	Détail des tâches	Délai	Ressources matérielles		Ressources humaines	
			Qté	Matériels	Qté	Acteurs
Structuration	-Définition et rédaction du contenu du site web -Définition des fonctionnalités du site web ; -Conception de la maquette du site web ; -Choix des conventions de nommage.	1 mois			1	Responsable CID
Conception graphique	-Création des visuels ; -Création de la maquette HTML et test ; fonctionnel	1 mois	1	Ordinateur et logiciels nécessaires avec connexion à internet	1	Graphiste
Production	-Définition du gabarit des pages ; -Choix de la navigation ; -Création des pages et des modèles HTML ; -Conception des scripts ; -Alimentation des pages ; -Intégration des développeurs back-office ; -Validation et test.	1 mois			1	Webmaster
Réalisation	-Nom de domaine déjà disponible ; -Nom de domaine déjà opérationnel -Choix de la plate forme sur laquelle il faut installer le site web ; Hébergement du site sur le serveur de PROTOS -Référencement du site au niveau des moteurs de recherche	1 semaine	1	Serveur connecté à internet	1	Administrateur réseau
Promotion	-Lancement et promotion du site web	1 semaine				
Maintenance	-Application du programme de maintenance ; -Suivi des performances ; -Mise à jour périodique du site ; -Evolution du service et protection du site - contre les attaques virales.	6 mois post-évaluation	1	Licence anti virus		

41

Tableau 6: Détail des Tâches techniques d'édition du numéro zéro de la revue

Grandes Phases	Détail des tâches	Délai	Ressources matérielles		Ressources humaines	
			Qté	Matériels	Qté	Acteurs
Rédaction des articles	-Conférence de rédaction ; -Choix des thèmes ; -Programmation ; -Répartition des tâches.	½ jour			1	Responsable CID
					2	Journalistes
Collecte des articles	-Collecte de l'information et son traitement ; -Rédaction des articles -Correction des articles ; -Appréciation de la pertinence des articles ; -Validation des articles.	3 semaines	1	Ordinateur et tous les logiciels nécessaires avec connexion à internet	2	Ingénieurs AEPHA
					1	Secrétaire de rédaction
Montage de la revue	-Mise en page des articles ; -Insertion des images ; -Enregistrement sous format PDF.	3 jours			1	Graphiste
Diffusion	-Mise en ligne sur le site ; Insertion et/ou activation des liens hypertextes contenus dans la revue -Envoi par la newsletter dans les E-mails.	3 jours			1	Administrateur réseau
Promotion de la revue	Annonces dans les journaux	2 semaines				

CHAPITRE 2 : PLANIFICATION, SUIVI-EVALUATION DE LA MISE EN ŒUVRE DU PROJET ET PERSPECTIVES

I-   DEFINITION DU BUDGET ET PLANIFICATION DES TACHES

A- DEFINITION DU BUDGET

Le budget d'exécution est élaboré en fonction du coût des prestations, du coût total des matériels nécessaires à l'exécution du projet. A cet effet, il sera subdivisé en deux grandes rubriques. Il s'agit de la rubrique de conception du site web et de la rubrique édition de la revue. La revue étant d'une périodicité trimestrielle, le budget comprendra les charges fixes non renouvelables et les charges renouvelables tous les trois mois.

1- CONCEPTION ET REALISATION DU SITE WEB

Tableau 7: Budget de la conception et réalisation du site web

Ressources	Détail des charges				Coût total
	Qté	Acteurs	Honoraires	Intéressement	Coût en CFA
Humaines	1	Responsable CID		150 000	150 000
	1	Graphiste	250 000		250 000
	1	Webmaster	400 000		400 000
	1	Administrateur réseau		150 000	150 000
	Qté	Désignation	Coût unitaire		Coût
	1	Serveur	Disponible		
Matérielles	1	Ordinateurs clients	Disponible		
	1	Licence logiciel de gestion de base de données	Freeware		Disponible
		Connexion internet à bon débit	Disponible		
Financières	Coût total TTC chapitre des charges fixes non renouvelables				950 000

2- EDITION DE LA REVUE

Tableau n° 8 : Budget d'édition de la revue

Tableau 8: Budget d'édition du numéro zéro de la revue

Ressources	Détail des charges par trimestre				Coût total
	Qté	Acteurs	Honoraires	Intéressement	Coût en CFA
Humaines	1	Responsable CID		10 000	10 000
	1	Graphiste	15 000		15 000
	2	Journaliste	25 000/ journaliste		25 000
	2	Ingénieurs AEPHA	25 000	20 000	45 000
	1	Secrétaire		15 000	15 000
	1	Administrateur réseau		10 000	10 000
	Qté	Désignation	Coût unitaire		Coût
Matérielles	1	Serveur	Disponible		Disponible
	1	Ordinateurs client	Disponible		
	1	Licence logiciel montage de la revue	freeware		
		Connexion internet à bon débit	Disponible		
Financières	Coût total TTC chapitre des charges renouvelables				120 000

NB :

- Les honoraires sont payés aux collaborateurs externes de PROTOS alors que les employés de PROTOS ne sont justes qu'intéressés. Donc il y a dans la programmation un ingénieur de PROTOS et un ingénieur collaborateur externe alors que les deux journalistes sont tous deux des collaborateurs externes de PROTOS.

-    La maintenance du réseau sera effectuée par l'administrateur réseau interne. De même, la promotion du journal et du site se fera dans le journal partenaire de PROTOS par insertion de messages et spots graphiques.

Tableau 9: Budget de production annuelle

Rubrique	Chapitre	Coût	Coût total en CFA
Conception site web	Charges fixes non renouvelables	950 000	950 000
Edition revue	Charges renouvelables par trimestre	120 0000	480 0000
Montant total du budget			1 430 000

B- PLANIFICATION DES TACHES

1- REFONTE SITE WEB

Tableau n° 10

2- PLANIFICATION DES ACTIVITES D'EDITION DE LA REVUE

3- Tableau n° 11

4- Tableau 10: *Refonte du site web (Page précédente)*

Phases	Actions	Intervenants	Mois 1				Mois 2				Mois 3				Mois 4				Nombre de semaines
			S1	S2	S3	S4	S5	S6	S7	S8	S9	S10	S11	S12	S13	S14	S15	S16	
Structuration Du site web	1. Définition et rédaction du contenu 2. Définition des fonctionnalités 3. Conception de la maquette 4. Choix des conventions de nommages	Responsable CID Graphiste	▓	▓	▓														3 semaines
Conception graphique	1. Création des visuels 2. Création de la maquette HTML et test de fonctionnalité	Graphiste Webmaster					▓	▓											3 semaines
Production	1. Définition du gabarit des pages 2. Choix de la navigation 3. Création des pages et des modèles HTML 4. Conception des scripts 5. Alimentation de la page 6. Intégration des développeurs back-office 7. Validation et test	Webmaster							▓	▓	▓	▓							4 semaines
Réalisation	1. Précision du nom de domaine 2. Choix de la plate forme 3. Hébergement et référencement 4. Mise en ligne et lancement	Webmaster Administrateur réseau											▓	▓					2 semaines
Promotion et maintenance	1. Annonce 2. Mise à jour périodique 3. Application programme sécurité	Administrateur réseau													▓	▓	▓	▓	Toutes les semaines

Durée de mise en œuvre

Tableau 11 : Planification des activités d'édition de la revue électronique

Phases	Actions	Intervenants	Durée de mise en œuvre																Nombre de semaines
			Mois 1					Mois 2				Mois 3				Mois 4			
			S1	S2	S3	S4	S5	S6	S7	S8	S9	S10	S11	S12	S13	S14	S15	S16	
Conférence de rédaction	1- Choix des thèmes 2- Programmation 3- Répartition des tâches	Comité de rédaction																	1 jour de la semaine
Collecte des articles	1- Collecte de l'information 2- Traitement 3- Rédaction des articles 4- Compilation des articles 5- Correction et validation	Comité de rédaction																	3 semaines
Montage	1- Mise en page des articles 2- Insertion images 3- Enregistrements sous format PDF	Graphiste																	2 semaines
Réalisation	1- Enregistrement sur le serveur web 2- Activation des liens hypertextes contenus dans la revue 3- Mise en ligne sur le site 4- Envoi dans les E-mails des abonnés à la newsletter	Administrateur réseau																	1 semaine
Promotion de la revue	Annonce sur le site et dans les journaux partenaires	Responsable CID																	1 semaine
Suivi des actions	Supervision et validation des choix	Comité de direction du																	16 semaines

47

II-   SUIVI-EVALUATION DU PROJET ET PERSPECTIVES

A- CADRE DE CONTROLE DE LA PERTINENCE DES ACTIONS

1- *CADRE LOGIQUE DE SUIVI DES ACTIONS ET IMPACTS DU PROJET DANS LE TEMPS*

Tableau n° 12

Graphique n°2

2- *CADRE D'APPRECIATION DE LA PERTINENCE DU PROJET*

Représentation n°1

Tableau 12: Cadre logique de suivi des activités du projet

Hiérarchie des objectifs	Indicateurs de performance	Sources/Moyens de vérification	Hypothèse ou conditions critiques
Objectif global			
Optimiser la diffusion des ressources documentaires du CID à travers le renforcement de son système de communication	• Nombre d'abonnés à la revue, • Taux de consultation du site web et des ressources documentaires	• Rapport d'activité • Journal des événements dans la base de données	
Objectifs spécifiques			
1- Faire connaître le CID de PROTOS et ses ressources documentaires	• Taux de satisfaction des besoins documentaires • Taux de fréquentation du CID • Meilleure orientation	• Registre des visiteurs • Enquête	
2- Créer un outil d'information et d'orientation des usagers réels et potentiels	• Nombre d'abonnés à la nesweltter • Meilleure connaissance des produits documentaire disponibles	• Rapport d'activité • enquête	
3- Créer un canal de communication et d'échange avec les usagers	• Taux de consultation du site web • Nombre de préoccupations documentaires recensées en lignes	• Forum de discussion en ligne • Foire aux questions en ligne • Données sur le taux de consultation des pages	

Résultats produits		
1- Création d'une revue électronique	• Régularité de la revue • Qualité du contenu	• Rapport • enquête
2- Conception d'un site web dynamique et interactif	• Interactivité du site web • Actualisation régulière du site web	• Rapport d'activité
Résultats d'impact		
1- Augmenter le taux de fréquentation du CID	• Nombre de visiteur par jour et par semaine	• Registre des visiteurs
2- Augmentation du taux de satisfaction des usagers	• Rapport nombre de demandes satisfaites sur nombre de besoins émis	• Registre des visiteurs
3- Susciter la consultation du site web de PROTOS	• Nombre de pages consultées par jour et par semaine	• Données sur le taux de consultation des pages
4- Recenser des préoccupations documentaires en ligne	• Nombre de questions recensées en ligne	• Forum • Foires aux questions

50

- Cadre de suivi des impacts du projet dans le temps

Le projet vise comme objectif général l'optimisation de la diffusion des ressources documentaires disponibles dans le CID de PROTOS-Bénin. L'atteinte de cet objectif d'impact ne peut être appréciée dans le temps que grâce aux résultats d'impact obtenus qui se résume à l'augmentation du nombre d'usagers du CID. Il s'agit aussi bien des internautes que des visiteurs du CID.

Le graphique ci-dessous représente l'augmentation maximale, moyenne et minimale du nombre d'usagers subséquente à la mise en œuvre du projet par mois et par ans.

Par exemple, si on considère l'année 2010 qui est l'an 1 de mise en œuvre du projet, la performance prévue est 20 usagers par mois en moyenne, 10 usagers par mois au minimum et 30 usagers par mois au maximum alors que l'année 2014 qui est l'an 4 de mise en œuvre du projet, les performances tournent autour de 50 usagers par mois au minimum, 60 en moyenne et 70 au maximum.

Figure 4: Cadre de suivi des impacts du projet dans le temps

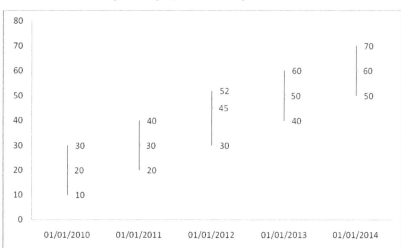

Représentation n°1 : Cadre de contrôle de la logique du projet

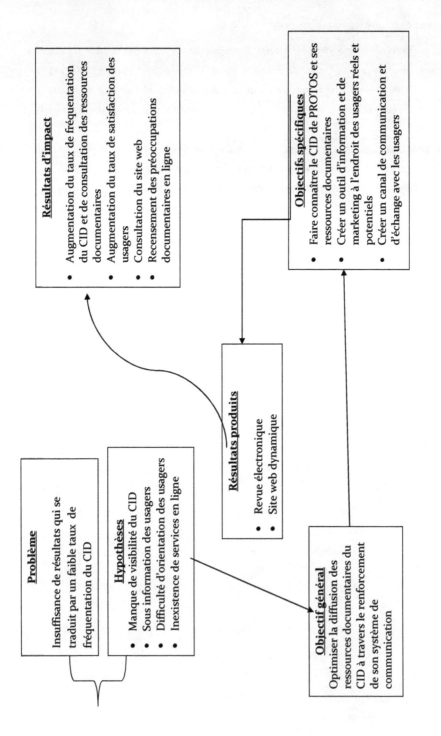

Problème

Insuffisance de résultats qui se traduit par un faible taux de fréquentation du CID

Hypothèses

- Manque de visibilité du CID
- Sous information des usagers
- Difficulté d'orientation des usagers
- Inexistence de services en ligne

Objectif général

Optimiser la diffusion des ressources documentaires du CID à travers le renforcement de son système de communication

Résultats produits

- Revue électronique
- Site web dynamique

Résultats d'impact

- Augmentation du taux de fréquentation du CID et de consultation des ressources documentaires
- Augmentation du taux de satisfaction des usagers
- Consultation du site web
- Recensement des préoccupations documentaires en ligne

Objectifs spécifiques

- Faire connaître le CID de PROTOS et ses ressources documentaires
- Créer un outil d'information et de marketing à l'endroit des usagers réels et potentiels
- Créer un canal de communication et d'échange avec les usagers

52

B- PERSPECTIVES DE DEVELOPPEMENT DU PROJET

1- PORTAIL DOCUMENTAIRE, COOPERATION ET RESEAU

Le projet envisage très prochainement d'être élargi à un système d'information global intégrant la création d'un portail documentaire qui sera greffé au site web de PROTOS, permettant aux utilisateurs de consulter une sélection de ressources documentaires dont la mise en ligne ne pose pas de problème de droit d'auteur. Il s'agira de créer un espace de médiation virtuelle en vue de la mise en place d'un réseau d'informations et de documentation en collaboration avec toutes les autres institutions intervenant dans le secteur de l'Approvisionnement en Eau Potable Hygiène et Assainissement. Cette collaboration vise au premier plan, la coopération sur le plan des échanges d'information documentaire. Elle permettra au second plan, une meilleure coordination de l'information dans le secteur. Sur le plan opérationnel, toutes les institutions intervenant dans le secteur peuvent se mettre en réseau et créer un comité de pilotage qui se chargera du recoupement de l'information au niveau de toutes les structures et l'édition d'une revue électronique pour tout le réseau.

2- VERS LA CREATION D'UN CENTRE DE RESSOURCES

Au Bénin, le secteur de l'AEPA est caractérisé par une multiplicité d'acteurs avec des approches et actions diverses, parfois disparates et même inhibitrices en raison d'un manque de concertation ou de synergie dû à une insuffisance de capitalisation du « savoir », des « connaissances » et des expériences dans le domaine. Il est alors impérieux aujourd'hui qu'au niveau du secteur de l'AEPHA, qu'il y ait un véritable centre de ressources capable de centraliser les « savoirs » les « connaissances » et les expériences générées dans le secteur et de les mettre à la disposition des acteurs du secteur de l'eau et de l'assainissement de sorte à leur permettre d'en faire usage en vue de prendre des décisions justes et compatibles aux réalités du secteur.

La création d'un réseau de coopération, d'échange et de partage est une voie balisée vers la mise sur pied dans le secteur AEPHA au Bénin d'un centre de ressources avec toutes les institutions partenaires. Ce centre de ressources gagnerait à avoir un seul organe d'information spécialisé, une seule bibliothèque virtuelle qui sera la fusion de tous les centres d'information et de documentation dont disposent les différentes structures.

CONCLUSION

L'ONG PROTOS-Bénin dans le cadre de l'atteinte des objectifs qu'elle s'est assignée, a prévu dans son dispositif organisationnel, un centre d'information et de documentation qui a pour rôle fondamental la collecte et la systématisation de l'information technique et scientifique ainsi que la capitalisation des pratiques et méthodes et/ou informations produites à l'interne qu'elle devra mettre à la disposition des personnes bénéficiaires ; qu'elles soient personnel de PROTOS ou non. Pour accomplir au mieux cette mission, elle bénéficie d'une dotation budgétaire d'environ trois mille euros entièrement consacrée au développement de la collection. Résultat : le centre compte aujourd'hui plus de deux milles titres de ressources documentaires et ne reçoit qu'environ deux visiteurs par semaine soit huit visiteurs par mois. Cette prestation du centre d'information et de documentation ne semble pas convaincante pour les responsables de PROTOS qui ont procédé ces derniers temps à une réduction à moitié de son budget annuel. C'est pour le rendre plus opérationnel et améliorer ces résultats qu'a été identifié et formalisé le présent projet qui vise à valoriser le patrimoine documentaire qui semble être thésaurisé faute d'utilisateurs. L'idée de ce projet est parti du diagnostic selon lequel les insuffisances de résultat sont dues entre autres au manque de visibilité du centre, à la difficulté d'orientation des usagers potentiels, à l'absence du centre sur internet et au manque de communication du centre avec ses utilisateurs aussi bien réels que potentiels. Pour pouvoir corriger ces insuffisances, il faudra alors entre autres, optimiser la diffusion de l'information à l'endroit des usagers aussi réels que potentiels. Cette optimisation de la diffusion doit pouvoir relever les défis technologiques et marketing consacrés par l'évolution du système de l'information et épouser les enjeux de la société de l'information. Ainsi, il faudra concrètement créer un organe d'information et de marketing à l'endroit des usagers réels et potentiels d'une part et d'autre part créer un canal de communication et d'échange avec les usagers. C'est l'atteinte de ces objectifs spécifiques qui a consacré la formalisation du présent projet axé sur la stratégie de valorisation du patrimoine documentaire à travers l'édition d'une revue électronique. La revue électronique constituera l'organe d'information des usagers sur la disponibilité de telle ou telle ressource documentaire dans le centre. La présentation des ressources documentaires au-delà de ce qu'elle fait connaître le centre d'information et de documentation de PROTOS, et participer à l'orientation des usagers, anticipera sur leur besoin et constituera des points d'incitations à la consultation des ressources ainsi présentées. Mais la revue électronique ne saurait vraiment bien fonctionner sans une bonne politique technologique. D'abord parce que de nos jours, les usagers se rabattent de plus en plus sur le net pour satisfaire le plus rapidement possible leur besoin documentaire. D'où la nécessité de loger la revue sur un site web dynamique. Ensuite parce qu'il faudra créer un canal d'échange et de dialogue à distance avec les usagers. D'où la nécessité de réaliser un site web dynamique et interactif. C'est l'objectif que vise la refonte du site web existant pour aboutir à un site web dynamique et interactif. Ces produits résultats de la mise en œuvre du projet doivent pouvoir permettre au centre d'information et de documentation d'atteindre avec le temps son objectif d'impact qui est l'augmentation du taux de fréquentation de ses locaux, de celui de consultation de son site web d'une part et d'autre part de devenir un véritable centre de communication et d'échange opérationnel avec les usagers et non un conservatoire statique de monographies.

ENQUETE DANS LE CADRE DE LA REDYNAMISATION DU CENTRE D'INFORMATION
ET DE DOCUMENTATION DE L'ONG PROTOS BENIN

IDENTITE

Nom :

Prénoms :

Profession :

E-mail :

Tel :

QUESTIONS

1) Connaissez-vous l'ONG PROTOS ?   OUI ☐   NON ☐

   Si oui comment ?   ....

2) Que savez-vous du domaine d'activité de l'ONG PROTOS Bénin ?

   ....
   ....
   ....
   ....

3) Connaissez-vous les principes de la Gestion Intégrée des Ressources en Eau (GIRE)?
   OUI   NON ☐   ☐

   Si oui lesquels   ....
   ....
   ....
   ....
   ....

4) Avez-vous des besoins en informations sur l'eau et l'assainissement dans le cadre de vos études ou dans l'exercice de vos activités ?

OUI ☐ NON ☐

5) Avez-vous déjà été amené à faire des recherches sur les ressources en eau ? OUI
NON ☐ ☐

Si oui dans quel cadre ? ....
....
....
....
....

6) Dans vos recherches, quelles sont vos sources d'information en matière d'eau et d'assainissement ? ....
....
....
....

7) Vos sources d'information sont elles toujours satisfaisantes ?

OUI ☐ NON ☐

8) Savez-vous que l'ONG PROTOS Bénin dispose d'un outil d'information et de sensibilisation sur la GIRE ?

OUI ☐ NON ☐

9) Avez-vous déjà visité le centre d'information et de documentation de l'ONG PROTOS ?
OUI NON ☐ ☐

Si oui pour quelles raisons ? ....
....
....
....

Sinon pour quelles raisons ? ....

....

.........…..

....

10) Quelles sont vos attentes d'un centre d'information et de documentation spécialisé en matière de la GIRE ? ....

....

.........…..

.................…

11) Pouvez vous nous décliner vos besoins (documents, données statistiques, dossiers de presse, bref tout document d'information en matière de l'eau et de l'assainissement) ?

....

....

....

....

....

....

BIBLIOGRAPHIE

1. Cabane, Viviane ; POULAIN, Martine. L'action culturelle en Bibliothèque. Ed. Du cercle de la librairie. 1998.

2. Centre technique de coopération agricole. Communication institutionnelle : manuel à l'usage des ONG et des instituts de recherche agricole en Afrique.

3. Ecole des sciences de l'information (Institut Rabat Maroc). Revue de la science de l'information n°17-18 Décembre 2007. Diwan 3000.

4. EDEY Bleossi Marc. Quelle politique documentaire pour la naissance de véritables industries culturelles au Bénin ? : mémoire de fin de formation premier cycle en science et technique de l'information documentaire. Décembre 2000.

5. Fra, Daniel ; Ngangue, Eyoum. Créer, gérer et animer une publication : formation pratique à la presse en Afrique. -Ed : GRET. - 1998.

6. Jacquesson, Alain ; Rivier, Alexis. Bibliothèques et documents numériques: concepts, composantes techniques et enjeux. Edition du cercle de la librairie. Mars 1999.

7. Lamizet, Bernard ; Silem, Ahmed. Dictionnaire encyclopédique des sciences de l'information et de la communication. 1997.

8. Larousse, Pierre : Grand dictionnaire encyclopédique. 1997

9. Muet, Florence ; Rivier, Alexis. Stratégie marketing des services d'information. Ed. Du cercle de la librairie. 2001

10. Pochet, Bernard. Méthodologie documentaire : comment accéder à la lecture scientifique à l'heure d'internet ? Ed. de Boeck Université. 2002.

11. Polastron, Lucien X. Livre en feu : Histoire de la destruction sans fin des bibliothèques. Ed. Denoel. 2004.

12. Quinones, Viviane. Faire vivre une bibliothèque jeunesse : guide de l'animateur. Ed. Joie par les livres.

13. Robert, Lafont. Dictionnaire alphabétique et analogique de langue françaises.-1997.

WEBLIOGRAPHIE

www.protosh2o.org

TABLE DES MATIERES

www.ingramcontent.com/pod-product-compliance
Lightning Source LLC
LaVergne TN
LVHW042347060326
832902LV00006B/440